# もくじ

# 整理整とんが好きになると
# 良いことばかり

みなさんはじめまして、双子のりんかとあんなの母のmatsukoです。この本を手にとってくれて、ありがとうございます。とてもうれしく思っています。

今は物が少ない暮らしをしていますが、昔はフィギュアなどの小物をたくさんかざっていました。でも、あるとき「小物がたくさんあると、そうじするときに大変だな」と気がついて、思い切って整理することにしたんです。

もちろん、さびしい気持ちはありましたが、片づけたらそうじがとてもラクになりました。物が少なくなったら、探し物をしなくなりました。そして、気分がとてもスッキリしました。片づけって良いことばかりなんだと、気づいたんです。

整理整とんはあなたにとっても良いことばかりですよ。この本を読みながら、いっしょに片づけを始めていきましょう。

Part 1

# 部屋の3大エリアをよく見てみよう！

「部屋を片づけるには何から始めたらいい？」「どこをキレイにすればいいんだろう？」と迷ったら、物を広げる前に部屋をよく見てみて！ まずは、物が多くて散らかりがちな3つのエリアのチェックから始めてみよう♪

# 01 勉強エリア

学校に関することからチェックをスタート！　6つの質問に答えてね。片づけ上手度をしんだんするよ☆

## ランドセルや通学バッグを置く場所は？

✓Check

Ⓐ 決まってる！

Ⓑ とりあえず机のまわり

Ⓒ 決まってない…

学校から帰ってきたとき、ランドセルやサブバッグはどこに置く？げんかんやリビングに置きっぱなしにはしなくても、机のそばやゆかにとりあえず置く人が多いみたい。てきとうに置くと散らかったフンイキになるからやめようね！

## タブレットやスマホを じゅう電するときは？

✓Check

**A** すぐに じゅう電できるよ♪

**B** じゅう電器がいくつも あってわかりにくい

**C** まずじゅう電器を 探すところから

タブレットとスマホのじゅう電器は、いつも決まった場所にあって、どれに使う物かすぐにわかる？ 長いコードがからまってない？ 置く場所はコンセントの位置で変えられなくても、コードの整理は自分でできそうだね☆

## 学校でもらった プリントは？

学校から持ち帰る紙はたくさんあるよね。家の人にわたすお知らせ、宿題のプリントなど、種類もさまざま！帰ってきたら通学バッグから出して、必要な物、もう必要じゃない物を、決めた場所に分けるクセをつけよう♪

✓Check

**A** すぐに 家の人にわたすか 自分で整理してる

**B** とりあえず通学バッグ から出しておく

**C** 通学バッグに 入れっぱなしで 忘れちゃうことが多い

## 勉強するときは？

✓Check

Ⓐ キレイに片づけた
机で集中！

Ⓑ じゃまな物を
どかしてからスタート

Ⓒ ゆかでやっちゃう

家に帰って机に座ったら、すぐに勉強を始められる？ 机の上にある物を動かさないと教科書やノートを広げられない、なんてことになってない？ 勉強するためのスペースがちゃんと使えていないのはもったいないよ!!

## 明日の学校の準備は？

学校の準備は前の日にすませよう！ 部屋が片づいていて、物の置き場所が決まっていたらあっという間に準備できるね♪ 朝に急いで時間割を見るよりも、落ち着いて用意できるから、忘れ物もなくなるはず。

✓Check

Ⓐ すぐにできる

Ⓑ 少し
時間がかかる

Ⓒ 準備するだけで
つかれちゃう

## 勉強する場所は？

**✓Check**

Ⓐ よけいな物は
置かない

Ⓑ 遊ぶ物も
少しあるかな

Ⓒ 物でごちゃごちゃ

がんばって勉強しようと思っても、スマホやゲーム機がそばにあると、つい遊びたくなっちゃうよね。机の上は勉強に必要な物だけにしよう♡ それ以外の物は、目に入らない位置に置いてね☆ 集中力がアップするはず！

Ⓐ～Ⓒでチェックした数が一番多かったのは？ Ⓐが少ない、または同じ数だった人はⒶが多くなることを目指そう！

**Ⓐが多かった人**

あなたは片づけ上手！ これからもその調子でね♪

**Ⓑが多かった人**

がんばってるね☆ すぐに片づけ上手になれそう！

**Ⓒが多かった人**

もう少しがんばろう。まずは勉強する場所から片づけてみて！

★勉強エリアを整理する方法は22ページから！

# 02 洋服エリア

かける・たたむ・しまうがきちんとできているかな？　服をぬぎっぱなしにしていると、部屋がだらしないフンイキに。

## ふだん着る服は？

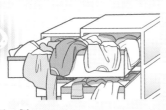

### ✓Check

**A** キレイに整理できてる

**B** 場所は決まってるけど中はぐちゃぐちゃ

**C** 家のあちこちに置いてある

どこに何の服があるかわかっていれば、すぐコーディネートできちゃうよ♪　しまう場所が決まっていても、てきとうに入れているだけだと服を探しにくくなっちゃう。よく着る服こそ整理整とん！

## 洋服をたたむのは得意？

ぐちゃぐちゃにしまっていると「着ようと思っていたのに、しわくちゃ……」なんてことも。自分でたたむことから始めてみてね！　たたんだ服を立てて収納すれば、見やすくなって取り出しやすいよ♡

### ✓Check

**A** 得意だよ！わたしに任せて

**B** たまに自分でたたんでるよ

**C** 家の人にお任せ

# 服やソックスは どうしている？

## √Check

**A** 洗たくカゴや 決まった場所に

**B** そのへんに置いてる

**C** 家のあちこちに ぬぎっぱなし

着がえるときに、ぬいだ服やソックスはどうしているかな？　近くに「ちょい置き」したり、ぬけがらみたいにゆかに置いたり……。「家の人にお任せ」なんて、もう卒業しよう！　洗たくカゴなど、決まった場所に置けるといいよね☆

**A～C**でチェックした数が一番多かったのは？
**A**が0～1つだった人は**A**が多くなることを目指そう！

| **A** が多かった人 | **B** が多かった人 | **C** が多かった人 |
|---|---|---|
| あなたはふだんから服を大切にしているおしゃれさん♡ | もう少し服を整理すれば、センスがアップするはず♪ | 自分の服を大事にして、もっとおしゃれを楽しもう！ |

★洋服エリアを整理する方法は30ページから！

# 03 本・小物エリア

3つ目のエリアは、本や小物を収納している場所。勉強机以外の本だな、ラック、収納家具に注目してみて！

## 引き出しはどうなっている？

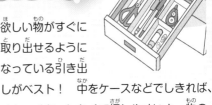

✓Check

**A** 物に合わせて整理している

**B** じつは中がぐちゃぐちゃ

**C** 物がいっぱいでしまらない！

欲しい物がすぐに取り出せるようになっている引き出しがベスト！ 中をケースなどでしきれば、ぐちゃぐちゃしなくて探しやすいよ。物の種類に合わせて、引き出しの段を変えるのも、使いやすくておすすめだよ☆

## 小物はどうしている？

✓Check

**A** しまう場所がぜんぶ決まっている

**B** どこに何があるかは何となくわかってる

**C** てきとうにしまっている

買った物、もらった物、作った物……サイズが小さい物は、種類も多くて分けにくいよね。「空いているところに、とりあえず入れておく」を続けていると、すぐ行方不明に!! しまう場所を決めよう♡

# 読みたい本を探すときは？

✓Check

**A** すぐに本が見つかる

**B** 本だなにしまっているけど、探すのが大変

**C** どこに置いたか忘れちゃって見つからない

本だなと勉強机に置いている人が多いはず。だけど、バラバラに置いてあったら探しにくいよね。それに、本をどんどんしまい続けたら、ぎゅうぎゅうになっちゃう！　本を置く場所にも便利な「収納ルール」があるんだよ☆

## A～Cでチェックした数が一番多かったのは？
## Aが0～1つだった人はAが多くなることを目指そう！

### **A** が多かった人
物の量がちょうどよくて整理も上手にできているみたい☆

### **B** が多かった人
本や小物をちょっぴり減らすと、もっとスッキリするよ！

### **C** が多かった人
物をしまっている場所を、1つずつ片づけてみるといいかも。

★本＆小物エリアを整理する方法は42ページから！

# 片づけができると、スッキリします！

　一度片づけると、気持ちがとってもスッキリします。少し散らかっても、元にもどしたくなりますよ。それで、また片づけたりそうじをしたりすると、どんどん時間をかけなくてもよくなります。「片づけなさい」と、だれにも言われなくなるのです。

　片づけができると、物がある場所がわかるようになるはずです。そうなると、探し物をする時間が減って、勉強やシュミの時間をたくさん作れますよ。必要な物以外が目に入らないと頭の中もスッキリして、やりたいことに集中できます。

　すぐに散らかってしまうというあなたは、片づけ方をまだ知らないだけ。ですから、いろいろなコツを知れば、「片づけって楽しい！」と思うはず。

　片づけを好きになると、自信がわいてくるんですよ。そんな魔法の力、あなたも感じてみてくださいね。

Part 2

# パーフェクト整理のヒント45

勉強エリア、洋服エリア、本・小物エリアの順で、整理整とんのコツをしょうかい♪「今日はこの引き出し1段」と決めて、少しずつ進めるのがおすすめ。あなたの部屋の物の量に合わせて好きなヒントを選んでね☆

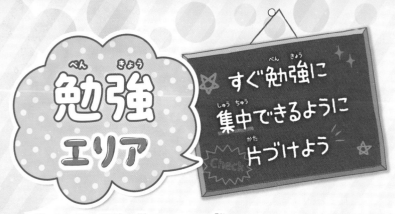

# 勉強エリア

## すぐ勉強に集中できるように片づけよう

文ぼう具、必要な本、プリント類……。これをクリアすれば、勉強エリアはあっという間に大改造できちゃう！

**ヒント 01**

## 勉強用筆記用具は机の上に

よく使うペン類は、数をしぼってペン立てに立てるか、学校用とは別のペンケースに入れて机の上に♪　あふれた筆記用具は、無理やりつめこまないようにしてね！　しきりトレイを引き出しの中に入れて、種類別に分けよう☆

# 定規、クリップ、ホチキス、のりは利き手側の引き出しに

筆記用具以外の文ぼう具は、大きさも形もバラバラ。浅いタイプの引き出しに、しきりをつけて収納するといいよ♡ 利き手側の１段目がおすすめだよ☆ 散らかりやすいクリップは、磁石つきのケースに入れると、くっついて整理しやすい！

カラーペン、マーカー、色エンピツは、サイズがピッタリのとうめいボトルやアクリル系スタンド、トレイに並べてみて！ カラフルな見た目で収納しながら楽しめちゃう♪ ときどき、かけなくなっているペンがないかチェックしてね☆

# カラーペン、色エンピツはお店のように並べるときれい

## ヒント 04 マスキングテープはケースに立てて

いろんな種類があるマスキングテープは、たくさん持っている人が多いよね！　並べて収納するのに便利なせん用のケースが、100円ショップにあるよ。食品ラップのしんに、テープを通すのもおすすめ。ラップの空き箱も使えるよ♡

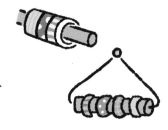

## ヒント 05 シールやふせんはすける袋に

手軽なのは、中が見えるファスナーつきの袋。取り出すたびに中身を入れかえれば、「買ったまま忘れてた！」を防げるよ♪　季節のデザインに合わせて、分けておくのも◎。

# 学校や塾、習い事のプリントはクリアファイルがお役立ち

プリントは「分類」がカギ！　学校の物はとうめいタイプ、習い事の物はカラフルタイプと、クリアファイルの色で分けると、ひと目でわかるよ。マスキングテープやラベルをはって中身をかいておけば、さらにわかりやすい！　ピッタリサイズの箱にファイルを立てれば完ぺき☆　クリアファイル以外に、浅い箱をプリント入れにしたり、厚紙にクリップでとめたりするのもいいね♪

## 手紙、カード、メモ帳は ファスナーつきの袋がベンリ

レターセットやカード、メモ帳は引き出しに重ねて入れよう。そのときに、シールやふせんと同じようにファスナーつきの袋に入れると便利だよ。便せん、ふうとう、シール、切手をセットにしておくと、すぐに手紙が出せちゃう☆

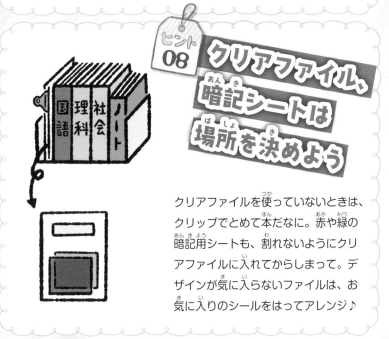

## クリアファイル、暗記シートは場所を決めよう

クリアファイルを使っていないときは、クリップでとめて本だなに。赤や緑の暗記用シートも、割れないようにクリアファイルに入れてからしまって。デザインが気に入らないファイルは、お気に入りのシールをはってアレンジ♪

# おなかの前の引き出しは、一時置き場に

いすを引かないと開けられないところにある引き出しは、机を少しはなれるときに勉強中のノートなどをしまうための場所にしてみて。勉強を再開するときにもスムーズだよ！　サイフやおこづかい帳の置き場としてもおすすめ♡

## りんか＆あんなの 机回り

わたしたちは机のたなの上に、少しだけ本や小物を置いているよ。目の前には何も置かず、勉強に集中できるようにしているのがポイント！　一番広い引き出しは、ほとんど物を入れず、自由に使えるようにしているの。

## ヒント 10 机の上の本だなに置く物は教科書、ノート、辞書

机の上やヨコにある、備えつけの本だなには、教科書、参考書、辞書、ドリルなど、勉強に関する物を中心に。本がたおれそうならブックエンドなどを使って！ 出し入れがラクにできるように、つめこみすぎないことが大事だよ。

## ヒント 11 タブレット＆スマホのじゅう電スペースを決めよう

じゅう電スポットは、コンセントの近くで、出し入れにちょうどいい場所がベスト。コードをまとめたり、かくしたりできるアイテムもいろいろあるから試してみて！テレビやエアコンのリモコンのケースも使えそう♪

# 夏休み、冬休み、春休みに 持ち帰る物用の スペースを作る

書道セット、裁ほうセット、ちょうこくとうセット、図工で作った物……。休み前に家に持って帰る物は、ずっと部屋に置くわけではない期間限定アイテム。大きいバッグや箱に入れて、部屋のジャマにならないところに置いておこう！

大事な物を入れるための箱を用意しよう。学校で作った文集や、友だちにかいてもらったサイン帳、もらった手紙など、毎日は見ないような思い出アイテムを入れてね。箱を置く場所は、机の一番下の引き出しのおくなど、使うことが少ない場所にしよう☆

# 文集、サイン帳は 下の引き出しへ

# 洋服エリア

クローゼットや衣装ケースは服の種類別に分けよう

ふだん着る服はクローゼットの中にかけて、たためる服は引き出しに入れるのが、服の整理の基本だよ☆

## ヒント14 今着る物をセットにすると迷わない

1週間に1回以上着る服は、いつもスタンバイOKの状態がいいよね？クローゼットや洋服用スタンドに、ハンガーで服をかけよう。上下や小物もセットしたのを2パターン作っておくと、お店みたいで楽しいよ♡

# ヒント15 引き出しに入れるトップスは たたみ方を マスター

服のたたみ方は自由だよ。試している人が多い2つの方法を教えるね。半そでも長そでも同じたたみ方でOK。

## たたみ方1

**1**
服をタテ半分に折って、両そでをおなか側に折る

**2**
上から下へ、点線のあたりで折る

**3**
全体をならし、形を整えて、もう一度折る

## たたみ方2

**1**
服の背中側を上にしてきれいに広げ、点線部分で折る

**2**
下から上へ、点線のあたりで折る

**3**
全体をならし、形を整えて、もう一度折る

## 引き出しの収納方法

たたんだ服は、引き出しに立てるようにしてしまうと全体がよく見えるよ。たおれちゃうときはブックスタンドなどしきりを入れて。

# ヒント 16 ボトムスもたたんで、しまう

長いパンツ、ショートパンツ、スカートも、たためば引き出しにどんどん入るよ♪　全体を小さな四角形にするのがコツ。

## パンツのたたみ方

**1** 真ん中で折って両足をそろえる

**2** すそから上へ、点線のあたりで折る

**3** 同じようにもう一度折る

## スカートのたたみ方

**1** しわをのばし、全体を広げる

**2** ウエストの線で内側に折る

**3** 全体を長方形にして整える

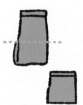

**4** すそから上へ、点線のあたりで折る

**5** 長い場合は、もう一度折る

よく着る服を一番出しやすい場所にかけて、あまり着ない服は出しにくい場所にかけよう。開けてすぐのところによく使う物を置くと◎。

つみ重なっている

ぎっしりで取り出しにくい

長さや季節がバラバラ

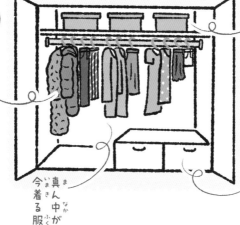

上は軽い物やあまり使わない物

左右はオフシーズンの服

ハンガーにかけなくてもいい物や重い物

真ん中が今着る服

33

# ワンピースや ロングスカートなど 長い物は、すそを上げて

ワンピースやロングスカートはたたむとかなりの厚さに。そのままハンガー収納でもOKだけど、たけを短くすると便利。次の方法を試してみてね。

## 1 すそを首の部分に入れる方法

やわらかい布の場合は、すその部分を持ち上げて、首の部分に差しこみ、形を整えて。

## 2 ハンガーを2本使う方法

ハンガーにかけた服のすそに別のハンガーを入れる。

2本のハンガーをそろえて、長さを整える。

クローゼットなどにシワができないようにかける。

ソックスは左右をセットにして立てる収納が◎。毎日使う物だから、左右を合体させなくてもいいよ。カンタンなたたみかたでOK。

ソックスのたたみ方

**1**
両足をきれいにそろえる

**2**
つま先側からと足首側から折る

**3**
全体を半分に折る

※短いスニーカーソックスは**2**で全体を半分に折ってもOK

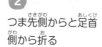

タイツは丸めて、1つずつ仕切りに入れるときれい

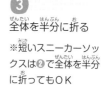

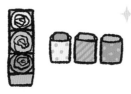

タイツ、レギンス、ハイソックスなど長い物は丸めてもOK。しきりは牛乳パックやプラスチックコップでも代わりになるよ♪

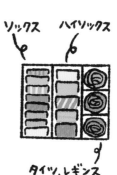

ソックス　ハイソックス

タイツ、レギンス

## ヒント20 帽子は「かける」「重ねる」「箱に入れる」

### かける

フックにかけるとか、小さめのピンチハンガーでつるすと、すぐ見えて選びやすいね。多くないなら、かごに入れて、ざっくり収納も◎。

### 重ねる

同じ形の帽子がいくつかあるときは、重ねて収納！ 布製の帽子は、スカートと似たたたみかたで引き出しに収納してもいいかも。

### 箱に入れる

麦わら帽子や、かざりがついていて形を保ちたい物は箱に入れよう。とうめいな箱もいいし、帽子の写真を箱にはっておくのも◎。

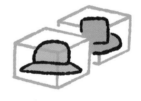

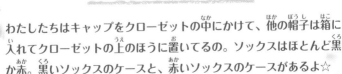

りんか&あんなの

## 帽子とソックス

わたしたちはキャップをクローゼットの中にかけて、他の帽子は箱に入れてクローゼットの上のほうに置いてるの。ソックスはほとんど黒か赤。黒いソックスのケースと、赤いソックスのケースがあるよ☆

# ヒント 21 バッグは「かける」「並べる」「バッグ・イン・バッグ」

## かける

大きさがいろいろなバッグは収納グッズに入れにくいね。よく使うバッグやリュックは、重ねてかけられるフックが便利だよ♪

## バッグ・イン・バッグ

ときどき使うバッグや小さいバッグは、箱やかごにざっくりと。大きいバッグの中に小さいポシェットを入れるとスッキリ！

 並べる

クローゼットにスペースがあるなら、ブックスタンドなどで立てて並べる方法もアリ。最近増えがちなエコバッグは、ざっとたたんでかごに入れよう☆

## ヒント 22 パジャマ、ルームウエアはぬいだらたたむか、バスケットへ

朝ぬいだパジャマをぬぎっぱなし、ゆかに落ちっぱなしにするのはステキじゃないよね。10秒くらいでざっとたたんでベッドの上に置くか、クルッと丸めてバスケットなどに入れよう♡　しっ気が気になる場合はハンガーにかけて。

## ヒント 23 マフラー、手袋など季節アイテムはまとめて置く

冬や夏だけに使う物は、その時期がくるまでおくにあっても困らないよね。ふだんの服とは別に、箱や袋に入れてクローゼットの取り出しにくいところへ置こう。マフラーや手袋はカゴに入れて、げんかん近くに置くのも◎。

# 下着は「たたむ」「丸める」「重ねる」

## 肌着は服と同じようにたたむ

Tシャツタイプはトップス（P31）と同じようにたたみ、下着用の引き出しに。キャミソールも肩ひも部分を中に入れて、四角形にしよう。

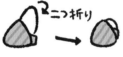

## ショーツは丸める

ショーツはタテ半分か、左右両側から折って、上から丸めよう。ソックス（P35）と同じように仕切りで区切って下着用の引き出しに。

## ブラジャーは重ねる

ブラジャーやカップ付き下着は形がくずれないよう重ねるといいよ。肩ひもなどはカップの中に入れて2つ折りでも、そのままでもOK。

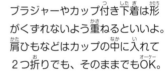

---

# ベルトはつるそう

ベルト同士がからまらないように工夫をしてみて。数が少なければクローゼットの中にフックをつけてつるそう。平らなケースに丸めて入れたり、ファイルボックスに入れたりするのもいいね☆

## ヒント 26 習い事の物はまとめて

ダンス、スイミング、スポーツクラブの服や道具がある人もいるよね。そのときのユニフォームや使う小物を全部まとめておくと、忘れ物がなくなるはず。おけいこバッグやボストンバッグにセットしてフックにかけておいてね☆

## ヒント 27 イベントのときに着る物はおくへ

お祭りやハロウィーンなどの季節イベント用、発表会用の特別な服は家の人がしまってくれているかな？　自分でしまう場合は、ヒント23のマフラーと同じように紙袋や箱に入れて、クローゼットのおくへしまっておこう！

# ハンカチ、タオル、マスク、ティッシュは大きさをそろえる

ヒント
28

ティッシュ

マスク

タオル・ハンカチ

持っているハンカチやタオルをポケットティッシュくらいの大きさに折ってみて。その大きさに他のハンカチも合わせるときれいだよ♪　全部が収まるケースや引き出しへ入れたらカンペキ♡マスクもいっしょにしてげんかんに置くと便利かも。

## りんか&あんなの クローゼット

クローゼットには着る服だけをかけて、ふだん着ない服はたたんで収納ケースにしまっているの！　服や小物が増えることも考えて、収納ケースは全部つめずに、1ケースは空けておくことがポイントだよ♪

41

# 本・小物エリア

本は大きさをそろえる 小物は「使ったらもどす」がお約束

本と小物は、好きな物がどんどん変わるジャンル。今好きな物をベストポジションに置くようにしてね☆

## ヒント29 本の整理は4分類

本は下の4つに分けて行き先を決めよう！　新しい本が入れられるようスペースを作っておいて、ぎちぎちになってきたら、また4分類チェックをして入れかえるのがコツ。ずっと使いやすい本だなになるよ♪

| | |
|---|---|
| くり返し読む | ▶▶ 取り出しやすい場所へ |
| もう読まなくて、きれいな状態 | ▶▶ 人にあげる、リサイクル店へ |
| くり返しは読まないけれど持っていたい | ▶▶ おくや後ろに収納 |
| もう読まないし、古いか、よごれがある | ▶▶ 思い切って処分 |

※本の捨て方は住んでいるところによってちがうから、ルールを守ってね。

# ヒント30 本は大きさや種類別に収納

だいたいの大きさで本を並べ、その中でジャンルごとにそろえるのがおすすめ。コミックスや文庫本は巻数順に。きっちり並べすぎると、あとでもどすときにめんどうになるから、少しのデコボコは気にしないで！

すきまにヨコ置きするのは✕

本の前に本を置いて、おくが見えないのは✕

たおれたり、ななめになったりするのは✕

---

## 本だな

★ 上のほうは
小さい本、軽い本
★ よく読む本は
目の高さに
★ 大きい本や
重い本は下の段に

## 小物だな

★ 上にお気に入りを
かざるコーナーを
★ よく使う物は取り
出しやすい箱に
★ ときどき使う物は
箱に入れて下へ

## ミックス型

★ 軽い＆小さい物、
かざる物を上へ
★ よく読む本を取り
出しやすい高さに
★ 大きい本と小物
ボックスを下に

43

# アクセサリーは小分けできるケースに

アクセサリーは小さい物が多いから、とうめいな小分けケースがおすすめ。プリンやゼリー、ガムなどの空き容器をきれいに洗ってかわかし、アクセサリーの種類別に入れてみよう♪　容器にシールをはって並べてもかわいいね☆

## りんか＆あんなの おしゃれグッズ

ヘアゴムは毎日使うから、洗面台の引き出し収納に入れているよ。他のヘアアクセサリー、ヘアバンドやドライヤーといっしょに。スキンケアグッズは、洗面台の上のたなに入れているの☆

## ヒント 32 ヘアアクセサリーは、あなあきボードもベンリ

ヘアゴム、シュシュ、カチューシャ、クリップ……今まで使っていた物と新しい物と、たくさんあるんじゃない？あなあきボードにかけるとかわいいよ♡　カラーボックスのヨコやコルクボードにフックやピンでとめても◎。

## ヒント 33 ヘアケアグッズはバスケットかバッグに

ドライヤーやヘアブラシは家族で使うから洗面所にあることも多いよね。自分用の鏡やヘアケアグッズを部屋で使う場合は、まとめてポーチやカゴ、小さなバッグに入れて、部屋でも洗面所でも使えるようにするといいかも！

# スキンケアグッズは立てて収納

ボトルやチューブに入った物が多いスキンケアグッズは、たおれないよう、ちょうどいい大きさで安定しているボックスを100円ショップなどで探そう♪　入れる物の数が増えたら、ボックスも考え直して、きれいに使って！

# おしゃれグッズは持っている量に合わせて

ネイルやリップなどのコスメアイテムは、お姉さんになるにつれて増えていくよね。数が少ないうちは洗面所に置いたり、ポーチに入れたりでじゅうぶん！　数や種類が増えてきたら、トレイやコスメ用ボックスに。ほこりが入らないよう置き場所を工夫してね♪

ぬいぐるみやフィギュアは、ぎゅうぎゅうにかざるとかわいさダウン。数をしぼって順番にかざり、残りはふたつきボックスへ。かごに入れるのもいいけど、ときどきほこりを取ってね♡　スペースがあればつっぱり棒2本を使ってかけておくのも◎。

かわいいキャラクターの置物やキーホルダーも部屋の片づけのときにはなやみがち。スペースを決めてきれいにかざるか、小さい雑貨用の箱にしまうか、心を決めよう！　宝物とはいえなくて、こわれている物、よごれた物は勇気を出してさよならをしてね。

47

## ヒント 38 手作り作品は『気持ち』に合わせて

### 小さい物

手作り作品は、あなたがかざっておきたいか、しまってもいいかで考えてみてね。ビーズやフェルトの手芸品、ねん土作品など小さい物は他の小物といっしょにかざってもいいし、こわれないよう箱にしまってもいいよ。

### 大きい物 立体の物

お気に入りは、もちろん自分の部屋にかざるスペースを作ろう。場所がない場合、家の人にあずけてリビングやげんかんに移してもらう方法も。次の作品があれば入れかえるとか、期間を決めるというルールにしてもいいね！

## 絵や書道の作品

絵や書道作品、自由研究のノートなど
平らな物の収納は、大きな書類ケース
やじゃばら式のケースがおすすめ！
かざりたい場合はフレームに入れて。
小さなイラストはコラージュしてフレ
ームに入れてもステキだよ♡

## 作っているとちゅうの物

作っているとちゅうの作品は、材料や
道具といっしょに平たい箱やトレイに
入れて、ひっくり返す心配のない場所
へ置こう。特にビーズなど小さい物、
針や工具などの保存に気をつけてね。

## りんか＆あんなの 折り紙ボックス

2人とも折り紙が大好き！　作った折り
紙を入れる箱は、部屋のたなにしまって
るよ。箱に入る分だけ持っているように
して、新しく折り紙をしまうときには、
古い折り紙を「ありがとう」「バイバイ」
と言ってゴミ袋に入れるの。

## ヒント 39 コレクションアイテムは「○個まで」と決めて

同じ形の物を集めているなら、ファイルブックやケースに収納。形や大きさがばらばらの場合は、大きめの箱に。コレクションはだんだんこだわりが強くなるもの。「特にお気に入りの○個まで」と決めて入れかえるのがおすすめ♪

## ヒント 40 ファングッズは「かざる物」を入れかえる

好きな有名人やキャラクターがいると、グッズも増えていくね。今月はアクリルスタンドと切り抜き、来月はキーホルダーとカンバッチ……と入れかえるのはどうかな？ 小さなスペースでもできて、かざり方がどんどん上手になりそう♡

## ヒント 42 メガネの置き場所

ふだんメガネをかけているなら、はずすときはメガネケースやトレイに。レンズをキズつけないように他の物はいっしょに入れないでね。サングラスは、ヘアアクセサリー（P45）のようにボードにかけたり、引き出しにタテにして並べて。

## ヒント 41 ゲーム機、カメラは付属品といっしょにふたつきケースへ

音楽プレーヤー、携帯ゲーム機、インスタントカメラ、キッズ用スマートウオッチなどの電子機器は、ほこりが入らないよう、ふたつきのケースに入れてたなに置いたり、引き出しに入れよう☆　付属品もいっしょに入れると便利！

### りんか＆あんなの ゲームボックス

わたしたちのゲームグッズは、ちょうどいい大きさのふたつきボックスに入れているよ☆

## プレゼントされた物は、しまってもいい

人からのプレゼントは宝物になることが多いけれど、中には、かなり古かったり、好みが変わっちゃった物もあるはず。さよならする気持ちにならないうちは無理に捨てなくてもいいからおくにしまっておこう！

## 部屋のムードに合わないのに置いてある物は、家の人に相談

「この部屋に入れておいて」と言われて置いてあるとか、部屋のムードに合わないけどそのままにしている記念品が気になるときは、家の人に相談してみて。他の部屋に移してもらえるかもしれないよ。

# ヒント 45　楽器に関する物は近くに置く

楽器をひく人は、楽譜やヘッドフォン、お手入れ用具、レッスンに行くときのバッグなども持っているよね。これも１つのボックスにまとめよう☆　しっ気やほこりをさけたい道具は、ふたつきのボックスに。

## りんか＆あんなの 遊び道具用 ふたつきワゴン

折り紙をしたり、絵をかいたりするときの道具は、ワゴンに入れているの。動かせるワゴンだから便利だよ☆　作っているとちゅうの物を入れても、ふたをすれば、こわれず安心！

# いる物 いらない物 の 決め方

時間があるときに、引き出し1段、箱1つでもいいので、中を全部出して、下の3つのグループに分けてみよう。長い休みに入った日にするのもいいね。レジャーシートに各グループ名を書いた紙をはって、その上でトライ！

## 3つのグループに分けてみよう

### 必要な物&
### ♥残したい物♥
⌄⌄
**1のグループ**

このグループに入った物は手ばなす！

### 迷って
### ◎しまう物◎
⌄⌄
**2のグループ**

### もういらない
### ×と思った物×
⌄⌄
**3のグループ**

## **1のグループ**

### これからも
### 必ず使う必要な物＆
### 残したい物

必ず使う物と、手ばなすのはイヤ
と強く思う物は、迷わずこのグル
ープへ。ただ、いくつもある文ぼ
う具は量を減らすことを考えて。

## **2のグループ**

迷い中

### 「いらないけど、
### もったいない……」
### と迷う物

「いらないな」「でも、捨てるのは
もったいない」と迷って決められ
ない物は、「迷い中」の袋へ。次の
整理のときにまた見よう。

## **3のグループ**

紙 プラ 金属

### 役目を終えた物、
### もういらないと
### 思う物

使い終わったノート、古いプリン
ト、こわれた小物、部品がなく
なった物、今のあなたに合わない
物は、材質別に分けて捨てよう。

# 服と さよならするときのポイント

服は下の３つでグループ分け。**1**でも**3**でもない「迷う服」は、一度着てみて決めるのもおすすめ☆外には着ていかないけど、部屋着にするという方法も。その場合は、**1**のグループと混ざらないよう、別の引き出しに入れよう。

## 3つのグループに分けてみよう

### よく着る＆
### ♥定番アイテム♥

$\vee\!\!\vee$

**1**のグループ

このグループに入った物は手ばなす！

### いつか
### ◎着るかも…◎

$\vee\!\!\vee$

**2**のグループ

### 卒業
### × してもいい ×

$\vee\!\!\vee$

**3**のグループ

## 1のグループ

### よく着る服＆定番アイテムは取り出しやすい手前側に

今、よく着ている服は引き出しの手前側に収納。次のシーズンも着そうな定番アイテムはクローゼットの左右や引き出しのおくへ。

## 2のグループ

### 取っておく服は収納場所のおくにしまう

1グループには入れにくいけど、「まだ着るかも」と思う好きな服は、たたんで収納場所のおくへ。次の整理のときにまたチェック！

## 3のグループ

### 卒業する服はリサイクルするか素材に合わせて捨てる

よごれたりあながあいた服、着心地がよくない服、流行おくれの服は処分。サイズが合わなくなったきれいな服はリサイクルなどへ。

# 思い出の物 かわいい物と さよならするとき

古くなってもなかなか捨てられないのが、思い出のある物。それに、かわいい物は、捨てるのが悪いことのように思ってしまうよね。でも、思い出は写真でも残せるし、スペースは限られているから、ときどきチェックしよう！

## 3つのグループに分けてみよう

### ♥宝物♥
⋁

**1** のグループ

このグループに入った物は手ばなす！

一時置き場を作って入れ、期限を決めて見直そう

**今さよならする**
◎ のは悲しい… ◎
⋁

**2** のグループ

**卒業**
× してもいい ×
⋁

**3** のグループ

## 1のグループ

### 宝物にピッタリの収納場所を見つけよう

ずっと取っておきたい宝物は、こわれたりよごれたりしないようにうすい紙に包んで箱へ。ふだんは開けない収納場所で保管しよう。

## 2のグループ

### まださよならしたくないも物は箱に入れてラベリング

今はさよならできないけれど、時間がたったら気持ちが変わるかも。箱や袋に入れて、今日の日付と中身をかいておこう。

## 3のグループ

### 卒業してもいい物はさよなら前におまじない

それを持った写真をとって、思い出をよみがえらせたら、「ありがとう」を言って、ゴミ袋に入れよう。あとは素材に合わせて処分を。

# 家の中での動き方も
# 考えてみましょう

　わたしの家では、一度収納する場所を決めたら、できるだけ変えないようにしています。どこにあるか決めていれば、ラベルをはらなくても、家族みんながそこに何があるかわかるんです。

　りんかとあんなの本は、2人がよく過ごす場所に本だなを置いて、目につきやすくしています。2人が読書好きなのは、興味のあるジャンルの本がすぐに手に取れるところにあることも関係しているからでしょう。

　ただ、成長とともに使う物も変わってきますよね。もし不便さを感じたら、家具や物を置く場所を考え直してみましょう。

　あなたは、物を探して行ったり来たりすることはありませんか？　勉強するときに、自分の部屋とリビングを往復したり、はなれたところに行かないと道具がそろわなかったりするなら、置き場所を工夫すると便利になることもありますよ。学校から帰ってきたら、家の中で自分がどう動いているか、確かめてみるのもいいですね！

# Part 3

# 部屋のそうじ＆物のお手入れ

片づけが上手になってきたら、そうじや洗たくも得意になっちゃおう♪　部屋や物のよごれやほこりが気になったときに少しずつチャレンジして、慣れていけばだいじょうぶ！この先もずっと役立つことを教えるよ☆

# 部屋全体のそうじは このコースで

初めに部屋全体をきれいにする順番を覚えよう♪　1週間に1回くらい、週末の午前中にやってみて☆

**スタート**

## 1 天気の良い日を選ぶ

まずは、部屋のカーテンと窓を全部開けよう！　部屋にこもった空気を外に出して、外のきれいな空気を取りこむと、気持ち良く始められるよ☆

## 3 ほこりを下に落とす

たなや机の上など高いところからハンディモップやドライシートでほこりを下にはらい落とそう！　軽いほこりはまい上がるからやさしくね。

## 2 そうじの準備をする

ほこりがつくかもしれないから、よごれてもいい服を着て、大判ハンカチ、マスク、エプロンをつけてね。ゆかに置いている物は片づけておこう♪

## 4 そうじ機をかける

ドアからおくに向かって、そうじ機をゆっくり前後に動かそう。すみのかけにくい部分は、ノズルを変えるか、シートなどでほこりをかきだして。

## 5 ふきそうじをする

そうじ機ですいきれなかった細かいほこりを、ウエットシートでふこう。きれいな面を変えながらふいたら、最後はつまんでポイ！

### ゆかの種類別
## そうじポイント

### フローリング

フローリング用ペーパーモップを使うだけでもさっぱりするよ。木目（木の線）に合わせてそうじするのがコツ☆

### カーペット

コロコロクリーナーを使うのがおすすめ。毛足の長いラグは、毛が起きる方向から手前に引くようにそうじ機をゆっくりかけてね♪

### たたみ

たたみは長い線にそって、静かにそうじ機をかけよう。ほうきを使うとゴミをかきだしやすいよ。よごれはウエットシートでふこう。

## 6 ゴミをまとめる

よごれたシートをゴミ箱に入れ、部屋の中のゴミを集め、ビニール袋にひとまとめに。家のゴミ置き場に持っていこう☆

## 7 そうじ道具をしまって手を洗う

そうじ機やハンディモップは、元の場所へしまう。そうじ機にゴミがたまっていたら家の人に報告。手をよく洗って着がえよう。

ゴール

# 勉強エリア

Let's clean up ☆

pika pika

勉強エリアは、勉強机の天板部分、机の上の本だな、小物、スタンドライトをそうじしよう☆

## 机の上の 消しかす、ゴミはそのままにしない

消しゴムのかすは、筆記用具や定規にこびりつきがち。ためないように小さなブラシで集めて、机の上のゴミといっしょに捨てよう♪消しかすを吸い取るクリーナーも売っているよ。

## ウエットシート で、机の上をふく

ハンディモップで本だなや机の上のほこりを取ったら、ウエットシートで、机の上をおくから手前にふこう。アルコールをスプレーしたぞうきんでもOK！捨てる前の古いタオルやソックスをぞうきんにしてもいいね♡

## 大そうじのときは 引き出しの中 も きれいに

1年に1回は、中の物を全部出して引き出しの中を大そうじ！ しきりのまま、平らな空き箱に中身を移すと、もどすときに便利♪

モップやウエットシートでほこりや角のよごれを取ってね。よくかわいたら、中身をもどそう☆

## ライトのほこり はハンディモップで

スタンドライトは、ほこりがたまっていると暗くなっちゃうの。電源をオフにして、熱くないことを確かめてからハンディモップでほこりを取ろう！ 電球部分はやさしくね。ライトが机に組みこまれている場合も同じだよ♪

OFF

# 洋服エリア

ふだんはクローゼットのゆかのほこり取りでOK♪　服を
スタンドにかけているなら、そこのほこりを取ってね！

## クローゼットはとびらのレールやすみのほこりを取る

クローゼットの中の服は、ほこりがか
からないけれど、とびらのレール部分
や洋服ケースのまわりに服から出る糸、
服から落ちたほこりがたまっているか
も！　ブラシか、ノズルにかえたそう
じ機で吸い取ろう☆

## カバーのないスタンドにかけている服のほこりはブラシで

ポールハンガーや洋服スタンドに
服やバッグをかけていて、あまり
動かしていない場合は、服の肩の
部分や、バッグの上にうすくほこ
りがたまってしまうこともあるよ。
洋服用のブラシをかけ、そのあと
でゆかにそうじ機をかけよう！

## 大そうじのときは 全部出して クローゼットの中もさっぱりと

1年に1回は、クローゼットの中も大そうじ。服を全部ベッドなどに出してから、ハンディモップでほこりを上から落とそう。手の届かない高いところは無理をしないでね☆　ゆかにそうじ機をかけ、アルコールシートで全体をサッとふこう。カビ防止になるんだよ♪

# 本・小物エリア

本や小物の上にたまるほこりはこまめに取ることが大事！
材質別によごれを取る方法も教えるよ♡

## 本や収納ボックスの上 の ほこりはハンディモップで

ふだんは物を入れたままハンディモップでほこりを取るだけでもOK。立てた本の上の部分や、小物入れのふたをサッとぬぐってね。かざっている物は、そのときだけ他の場所に移して。本や物を落とさないよう気をつけよう！

## 大そうじは、物を出して ほこりを取り、シートでふく

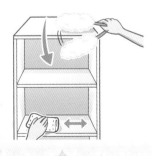

1年に1回、本や小物を全部出して、たなのおくや、すみもきれいにしてさっぱりしよう。クローゼットと同じように、たなの上から順にほこりを落とし、シートかぞうきんでふきそうじを！　よくかわいてから物をもどしてね♡

## 小物は 何でできているか
## 表示を見たり、家の人に聞いたりして

小物についたよごれを取ると、グンときれいになって、部屋全体も明るくなるよ。でも、よごれの落とし方は、それが何でできているかで使う物が変わってくるから、ウラや底にある表示を見たり、家の人に聞いたりしてね☆

### プラスチック でできた物

### ノンアルコールシートでふく

ふつうのプラスチック製品はメガネふきの布でこすってみて。プラスチックについたよごれを落とす消しゴムもあるよ。水に強いからウエットシートもOKだけど、ノンアルコールのシートにしてね♪　とうめいのアクリル製品も同じだよ。

69

## 金属でできた物

### かわいた布で軽くふくだけにして

カンの小物入れ、バッグやアクセサリーの金属部分は、かわいた布でよごれをふこう！　キズがつくかもしれないので、ブラシやスポンジでごしごしこするのはやめてね。洗ったり、ぬれているシートもNG。家具のパイプ部分も同じだよ。

## 木でできた物

### かわいた布でからぶきしよう

大きな家具は、表面がコーティングされていることが多いから、ウエットシートを使ってOK！　木の小物はかわいた布でからぶきを。ほこりがたまっている部分は、綿棒にハンドクリームなど油分があるものを少しつけて取ってみてね☆

布でできた物

### ぬいぐるみ

まず洗たく表示を見てね♪
手洗いできる物は、洗ってよくかわかして！　接着ざいでパーツがついている物は筆でほこりを取ろう☆

### クッション

カバーはネットに入れて洗たく機へ。ビーズや綿で、手洗いの表示があれば中身も洗えるよ。平らにしてほそう。ウレタンはほすだけにしてね♡

材質がわからない物、材質が混ざっている物

### すみをふいて、様子を見る

材質がわからない物は、ノンアルコールのウエットシートや水にぬらしてよくしぼった布で、すみの目立たない部分をふいてみて！しばらく置いてだいじょうぶと思えたら、ほこりをふき取ろう。材質が混ざっている物は、ブラシをかけるだけにしてね♪

# デジタルグッズ 家電を きれいに するときの 注意

## 1 電源をオフにして ブロアーでほこりを飛ばす

電子製品、電気製品をきれいにするときは、必ず電源を切って!! ブロアーという手でつぶして空気を出す道具で、全体のほこりを飛ばそう。ブロアーは100円ショップでも売っているよ!

## 2 説明書をよく読もう

買ったときについていた説明書があれば、それをよく見てお手入れしよう! 説明書がなくてもネットで読めるから、家の人に相談してね♪ メガネクロスで全体を軽くふくのも◎。

## 3 水ぶきはダメ

電子製品、電気製品は「防水」とかいてあっても、水を使ったお手入れはしないで! メガネクロスでふいても落ちないよごれは、ノンアルコールのシートを使ってみよう☆

# スマホ・タブレット そうじのNG

スマホやタブレットはよく使うから、よごれも気になるよね。特にスマホについているのは、身体のあぶら分（皮脂）。指もんが気になる部分もあるかな？ でも、水をつけてこするのはやめようね！

## ✕ ティッシュでふく

手軽だから、ついティッシュでふいてしまうかもしれないけれど、皮脂がよく取れず、のばしてしまう心配が！ メガネクロスや液晶用シートを使ってね。

## ✕ アルコールでふく

アルコールスプレーをつけた布やアルコール入りのシートは、ガラス面やプラスチック面をいためる原因になるから、使わないで！ ノンアルコールならOK。

## ✕ 接続部分に息をふきかける

充電コードを差す部分に息をふきかけると、ほこりが飛びそうに思えるけれど、息の中には水分もふくまれているから✕。歯ブラシやようじでほじるのも✕。

## ✕ スマホケースをよごれたまま使う

ケースの材質に合わせたお手入れをしよう☆ 多いのはプラスチック（P69）。顔や指にふれる物だから、よごれたまま使い続けないようにしよう♪

# ここもそうじして スッキリ！

## 窓・サッシ

窓ガラスのそうじは、手の届くエリアだけでもOK！　丸めた新聞紙や食器用洗ざいを少しつけたぞうきんでふいたあと、かわいたぞうきんで二度ぶき。サッシ（窓わく）もいっしょに。レールは古歯ブラシでよごれをかきだそう。

## カベ・ドア

カベやドアはハンディモップで上からほこりを落とそう。気になるよごれは、よくしぼったぞうきんで下から上へ。消しゴムで消えるよごれもあるよ♪　ドアノブは、水をつけ、しぼったぞうきんに重そうを少しつけてみがいてみて☆

# ベッドまわり

シーツやまくらカバーは家の人に聞いて洗たくを！　まくらやふとんはほして、しっ気を取ろうね♡　ベッドまわりは髪の毛や糸くずが多いんだよ。ハンディモップやブラシでゴミとほこりを落としたら、ゆかのそうじを（P63）。ヘッドボードは材質に合わせよう（P69）。

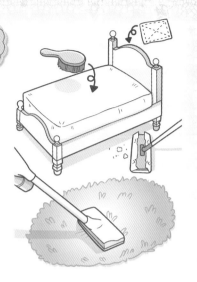

布類は家のルールを守って洗たく

まくらやふとんは風に通す

# 家の中の ちょこっと そうじで お手伝い上手

自分の部屋のそうじに慣れたら、他の場所もきれいにしたくなるね☆ もうお手伝いしている人も、たまにする人も、そうじの「ちょこっとお手伝い」のしかたをチェック♡ 家の人のやり方もよく聞いてからにしてね！

## げんかん

### よぶんなクツをしまってスッキリ

クツをしまって、たたき（クツをぬぐところ）をほうきではくか、そうじ機をかけてゴミを取ろう☆ クツは家族の人数分だけなら出してもOK！ かわいているカサは、カサ立てに。最後にクツやスリッパの向きをそろえてね。

## 散らかっている物を元の場所へ

**リビング**

まず、ソファやテーブルに散らかっている物があったら、元のところにもどそう。リビングに自分の物を置きっぱなしにしていたら部屋へ持っていって。テーブルのふきそうじやテレビのほこり取りは家の人に方法を聞いてね。

**ダイニング**

## 食事のあとはテーブルをふく

食べ終わった食器やコップは片づけよう。食べこぼしやゴミはティッシュで取って、家の人がいつもふいている物でテーブルをきれいに。ここで勉強する人は、道具をまとめてどかせるボックスを用意しておくといいね☆

## 食器のよごれ落としと洗い方

**キッチン**

食器洗いのお手伝いをしよう！ 食洗器の場合も、油や調味料の残りをキッチンペーパーかスクレーパーで取って、ざっと水で流すと◎。手洗いするなら、コップ→木の器やおはし→おかず用の器の順で。洗ざいはきれいに流そう♪

## 洗面所

### 使ったあとはティッシュでふく

使ったあとはサッときれいにするクセをつけよう。出したブラシやスキンケアグッズは元にもどす。水がはねたところや落ちた髪の毛は、ティッシュなどでふく。鏡やじゃ口はアルコールをスプレーしたタオルでふくとピカピカに♡

### 次の人が気持ち良く使えるように

## バスルーム

少しの心がけで、みんなが気持ち良くおフロを使えるよ。おフロの中の物は、元の位置に。残ったアワや髪の毛は流す。身体をふき終わったタオルで、バスルームのドアの水気をざっとふこう！ マットはびしょびしょにしないで。

## よごれをチェックする
## 習慣を身につけて

トイレを使ったあと、流すときはふたを下げ、そのあとよごれがついてないかチェック。ついていたらブラシなどで取ってね。ペーパーがなくなっていたらかえて、生理用品はきちんと丸めて捨てる。スリッパはそろえて出てね。

## ろうか、
## 階段

## ろうかはおくから
## 階段は上から

ろうかは家のおくからげんかんや出口方向へ、階段は上からそうじするとほこりがあともどりしないよ。フローリングワイパーなどで1段ずつきれいにしよう♪　階段は身体のバランスをくずさないように気をつけてね。

## 家の人に聞いて
## できることを

## 庭や
## ベランダ

庭は家の人に聞いて、ほうきで落ち葉を集めたり、雑草を取ったりしてみるといいかも！　ベランダは、ほうきとちりとりでゴミやほこりを取りのぞいて。トリのフンやはい気ガスの黒いよごれは直接さわらないほうがいいよ。

# 洗たくと お手入れの基本

## 洗たくのしかた

洗たくは洗たく機がするもの？ でも、入れる前のルールやほし方、家族ごとに分ける方法があるはず。いつも服がきれいにもどってくるコツを聞いて、あなたが手伝えることをやってみよう☆

### Point
### 土よごれは はらってから

土、砂、どろがついた服は、外で古い歯ブラシを使ってはらい落としてから家の人に相談しよう！
食べ物のシミはすばやさが大事。
台所用洗ざいをたらして古い歯ブラシでこすってみて。

### Point
### 丸めたままに しない

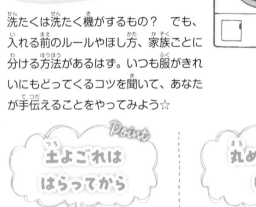

ぬいだ状態で丸まったソックスやそでが中に入った服は、そのままにしないで広げよう♪ 洗たく機の中でほどけずに、よごれが落ちなかったり、しっかりかわかないことがあるよ。

**Point**
## ポケットの物を出す

ポケットにティッシュや食べ物の残り、コインなど固い物が入ったまま洗たくすると大変！ 他の洗たく物にもゴミがついたり、洗たく機にダメージが。必ずポケットの中をチェックして♡

---

**Point**
## 洗たく表示を見る

服についているマークの基本を覚えると役立つよ☆ 世界共通マークなので、外国の服も同じなの。特に洗たく機で洗うのが×という禁止マークのチェックは大切！

家庭での洗たくは禁止

手洗いができる。手洗いがおすすめ

30度までの水温で、弱水流（線が1本）なら洗たく機で洗える

この他に、かんそう機、ほし方、アイロンのかけ方などの記号があるよ。

81

## 洗たくのしかた

### 下着（したぎ）

### ショーツ

ショーツは自分で洗えるようになろう♪　特に生理のときにはいた物は、手洗いしてよごれを取ってから、専用のバケツか洗たく機へ！

### ブラジャー

スポーツブラやブラトップは小さめのネットに入れて洗たく機へ入れてもOK☆　他のおしゃれ着といっしょに弱水流コースで洗ってね♡

### ほし方（かた）

ブラジャーはかんそう機にかけるより、ほすのがおすすめ。ピンチやハンガーでつるそう！　ブラはカップのずれを直し、全体の形を整えてからにしてね。下着類はまわりをタオルでかくすようにとめるのがいいよ☆

洗たく機で洗えるニットの服も増えているから、まず表示を見てね☆　たらいマークに手の絵があったら、おしゃれ着用洗ざいで弱水流コースかタライで手洗いを。手洗いするときは、上からやさしく押してね。

## ほし方

水をふくんだニットをハンガーでつるすと、のびてしまったり、肩にハンガーの形が残って型くずれしたりする心配が!!　たたいて編み目を整えてから、平ぼしせん用ネットを使うか、さお2本に渡して平らにほして。

# 服のお手入れ

服をお手入れして、きれいに長く着られるようにしよう♡ボタンつけと毛玉取りにチャレンジしてみて！ アイロンは家の人といっしょにね。中高生になってからでもいいよ。特に制服を着るようになったら、自分でお手入れできるようになりたいよね♪

## ボタンをつけ直す

ボタンが取れたときや糸がのびて取れそうなときは、自分でつけ直してみよう。新しい糸と針で、ついていた位置につけ直して。ボタンのあなに3、4回通したら、根元をクルクルして服のウラに玉どめ。変わった形のボタンは家の人に相談を！

## ゴミや毛玉の取り方

ゴミは洋服用ブラシか、新しいキッチンスポンジで取ろう。コロコロクリーナー、ガムテープを輪にして取ることもできるよ。ニットの毛玉取りは、毛玉取り器を使って。毛足が長くのびているときは小さなはさみもOK。服を切らないよう注意してね。

## アイロンをかけるときに気をつけたいこと

シワだらけになった服にアイロンをかけるときは、ヤケドにじゅうぶん気をつけてね！　ハンガーにかけた服にはスチーマーも◎。服のアイロン表示を見て、温度を守ろう。えり→肩→そで→身ごろ……というふうに細かい部分から広い部分の順で。

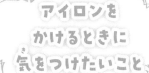

# クツのお手入れ

クツの洗い方、よごれの落とし方は材質によって違うよ。きれいにすれば、においも取れる！　かわいたら防水スプレーをすると、よごれがつきにくくなるよ☆

## 上ばき スニーカー

スニーカーが洗える洗たく機もあるけれど、手洗いする場合を教えるね。ひもや中じきがある場合ははずして、まず古歯ブラシでよごれを落とす。バケツにクツをしばらくひたして、中性洗ざいをつけたブラシでこする。よくすすいで日かげにほそう。

革グツ

かわいた布でよごれを落としたあと、合成皮革のクツはせん用シャンプーを少しつけたブラシでこすってから布でふき取ろう。本革のクツは、せん用クリームを布につけて、小さな円をかくようによごれを落として。最後はブラシでみがけばOK♪

 りんか&あんなの

クツ箱

クツはげんかんに置きっぱなしにしないで、ぬいだらすぐクツ箱にしまってるよ。2人でおそろいのクツは、同じ段に入れているの！ だいたい白と黒で、洋服に合わせやすくしているんだよ♪

# バッグのお手入れ

## 中身を出して よごれをチェック

外に持っていって、あちこちに置く
バッグは、思ったよりよごれている
よ。使わない日に、中に入っている
物を全部出してよごれを取ろう。ラ
ンドセルは素材がいろいろなので、
何でふくか、取扱説明書を確認す
ると安心☆

## 布バッグは 手洗いしてみる

布だけでできているバッグは、
手洗いしてみよう♪ タライ
にぬるま湯を入れ、洗ざいを
とかして押し洗い。大きなよ
ごれは、もみ洗いを！ すす
ぎを数回して、形を整えなが
らほしてみてね♡

## 布以外のバッグの よごれの落とし方

ナイロン製バッグは、ウエットシートで目立つよごれを取ろう。落ちにくいよごれは、歯ブラシでこすってみて。バッグの材質によっては消しゴムも使えるから、すみで試してみてね☆ 最後に形を整えて日かげにほして。

## 糸がほつれたり ふちがすりきれたら

バッグのぬい目がほつれたり、ふちがすりきれたりしたら、重い荷物を入れたとき、そこからこわれてしまう心配があるよ。バッグの修理をしてくれるところにお願いするか、新しいバッグにするか、家の人と相談を！

# ずっと使い続けられるように
# よく考えて買い物しましょう♪

りんかとあんなの部屋の写真を見た人から、「家具をどうやって選んでいますか？」と聞かれることが多く、とてもうれしく思っています。

2人の机はシンプルなデザインです。天然の木を使用しているので、長く使うことで味わいが出て、大人になっても使えるようになっているんです。実際に机を使うことになる2人と、いっしょに選びました。

家具はおしゃれかどうかだけで選ぶのではなく、少し高くても、材質にこだわりたいと思っています。そのほうが長く使えるからです。わたしの両親は、結婚したときに買った物を今でも大切に使っているタイプなので、わたしも同じように長く使えるような物の選び方をしています。りんかとあんなにも、その考えを伝えていきたいと思っています。

どんな物でも、買う前には、よく考えてから買いましょう。自分が本当に気に入った物を買うと「大切に使おう」「きれいにしよう」という気持ちになりますよ！

Part 4

# マイルールで「きれい」をキープ

お片づけとそうじができて、とってもきれいになったら、それをできるだけキープしたいよね。すぐ散らかって、元にもどっちゃうなら、あなたにピッタリのポイントがあるのかも！ きれいな部屋を保つコツをチェックしよう♪

# あなたにピッタリの
# 「きれいキープ法」

**10秒でできる「きれいキープ法チェック」だよ♡　4つのタイプに分かれるから、当てはまるページを読んでね♪**

手や足と同じように、脳にも右利きと左利きがあって、片づけやすい方法がちがうんだって！　あなたのタイプに合ったお片づけ方法と、「きれい」を保つポイントを教えるよ☆

---

**Q1　何も考えずに両手を組んでみて。親指が下になったのは、どっちの手？**

右の親指が下になった

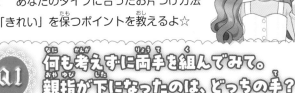

左の親指が下になった

迷ったら、両方やってみて落ち着くほうを選ぼう！　どちらかわからないという人は、最初に組んだ形のほうを選んでね♪

---

**Q2　何も考えずに両うでを組んでみて。下になったのは（おなかに近いほうは）、どっちのうで？**

右うでが下になった

左うでが下になった

入れかえてみて、どっちのうででも変な感じがしないという人は、最初にできた形のほうを見てね。

## 右の親指が下 で 右うでが下 の人は

# ひらめきタイプ

Q1もQ2も「右」が下になったあなたは、ひらめきタイプ。気持ちを表に出すことが上手で、表情が豊か。音楽やダンスの才能、絵画などアートの感性がある人！ 興味のないことを続けるのは、ちょっぴりニガテじゃない？

### ☆ パッともどせるボックス収納が合う ☆

めんどうなことはしたくないタイプだから、大きな箱に「入れるだけ」のワンアクション収納がおすすめ。収納ボックスに好きなシールやテープをはれば、お片づけがさらに楽しくなりそう♪

### ☆ ゲーム感覚の片づけがおすすめ ☆

タイマーを使ってみて。「今日は○分でそうじを終わらせる！」などゲーム感覚でやってみると、早くきれいにできるよ☆ 引き出しや本だなの収納は、色や形で分けるとうまくいきそう。

### ☆ うっとりできる収納できれいをキープ ☆

きれいな物が好きなあなた。自分で片づけた場所を、うっとりできるくらい整えたら、散らかしたくなくなるよ！ 収納グッズも、センスの光るおしゃれな物を選ぶと◎。

## 右の親指が下 で 左うでが下 の人は

# カンペキタイプ

Q1は「右」が下、Q2は「左」が下になったあなたは、カンペキタイプ。センスの良さが光るよ。何でも自分で決めたいほうで、決めたことを実行する力もバツグン！ 1つダメになると、やる気がしぼんじゃうことも。

### ☆ 「夢の部屋」の設計図をかいてみて ☆

理想をしっかり持っているので、頭の中には「こんな部屋にしたいな♪」というイメージがあるはず！ それを絵にかいてみて♡ そしてかいた絵に合うような収納グッズをそろえていこう♪

### エプロンをして、片づけ＆そうじを

そうじや片づけ用の道具を目の前に並べると、「よし、やろう！」とやる気が出るタイプ。引き出し1つの整理でも、お気に入りのエプロンをつけてみて☆ きっと作業がはかどるはず！

### ☆ 「ベンリ」＆「うっとり」のメリハリ収納 ☆

見た目だけでなく、使いやすさも考えるタイプだね。きれいに整理するのは、よく見える場所だけでも良いことにしよう！ 見えないエリアや収納ボックスの中まで、こだわる必要なし☆

## 左の親指が下 で 左うでが下 の人は

# コツコツタイプ

Q1もQ2も「左」が下になったあなたは、コツコツタイプ。どんなことも順番を守って1つずつクリアしていく力があるよ。シンプルで使いやすい物が好き。見た目がかわいくても使いにくい物なら、いらないと思うはず！

## よく使うか・使わないかで収納場所を決めて

ムダのない行動ができるとハッピーな気分になるタイプ。「使いやすさが一番！」なので、よく使う物は、すぐ手に取れる場所に置こう。あまり使わない物は、引き出しやたなのおくにしまって。

## 片づけたらラベリングしよう

文字や数字に対する感覚がするどいあなた。収納ボックスには、何が入っているかをかいたシールをはっておこう☆ 持っている物をリストにして、捨てる物を順位づけするという方法も◎。

## 「しきりの達人」になってきれいをキープ

どこにしまったらいいか迷っちゃう物でも、ピッタリの場所に、ピッタリと収納できるようにいろいろな工夫をしてみよう♪ 時間をかけて決めた分、その後ずっときれいに保てるはず！

## 左の親指が下 で 右うでが下 の人は

# マイペースタイプ

Q1は「左」が下、Q2は「右」が下になったあなたは、マイペースタイプ。まわりに流されない、自分のこだわりがある個性派だね！　片づけをするまでに時間がかかることもあるけど、そのこだわりをプラスにとらえて♪

## マイルールをつらぬくのが合う

お片づけやそうじにも、自分ならではのルールがあるタイプ。人とはちがうアイデアを試したいなら、家の人に「自分の方法でやってみたいな」とお願いしてみよう。ストレスがなくなるはず。

## 持ち物の数や量を決めよう

物の場所を決める前に、物の数や量を決めてみて☆　「ここに入るだけ」、「○○は△個まで！」といった、自分に合う数や量が決まると、物が増えすぎるのを防げて、キープも楽ちん！

## 中が見える収納できれいをキープ

「何をしまったか忘れちゃった」ってことにならないように、中身が見える収納にしてみよう。とうめいのボックスや、ワイヤーネットを使った収納は、見た目でパッとわかるからおすすめだよ。

# 部屋をいっしょに使うきょうだいは 何タイプ？

自分1人なら、部屋の使い方も片づけ方も自由！　だけど、きょうだいがいっしょだとケンカすることもあるよね。P92の「きれいキープ法チェック」できょうだいのタイプも確認してみて☆担当を分ければ、きっとうまくいくよ！

たとえば……

## 姉がコツコツタイプ

お姉さんには、「物を元の場所にもどす」担当になってもらうのがおすすめ♪　まるで魔法使いみたいに、パパッと部屋を片づけてくれるはず！

## 妹がひらめきタイプ

ひらめきタイプの妹は、部屋の「プロデュース」担当がピッタリ♡　おしゃれな収納方法や、きれいに整えるアイデアを出してくれるよ☆

※P92～のチェックは故・坂野登京都大学名誉教授の「しぐさ利き脳理論」をもとに、日本ライフオーガナイザー協会が片づけに応用してまとめた、「利き脳片づけ術®」をベースにしています。利き脳は、環境やトレーニングによって変化が見られることもあります。

## りんか&あんなの
# マイルール

**わたしたちの家は、こんなルールがあるの。小さいころからの習慣や、お母さんといっしょに決めたものもあるよ!**

### ルール1

## 物を買うとき

物が多くなると、本当に必要な物を置けなくなっちゃう。だから、出かける前に買い物リストをかいて、それ以外の物は買わないようにしているよ!「迷ったら買わない」も大事なルール☆

### ルール2

## ランドセルもきちんとしまう

家に帰ったら、ランドセルは収納場所に! 小さいときはおもちゃ入れだったシェルフが、ランドセルを入れるのにピッタリだったの♡ とびらの中はお気に入りのマグネットでいっぱいにしているから、開けたときも楽しい!

## ルール3

### 片づけ＆
### そうじのコツ

一気に全部片づけるのは大変！
「今日は引き出しの上の段」というように毎日少しずつしているよ。そうじは、勉強する場所を中心に。かわいいハンディモップを使うと楽しい♪

## ルール4

### ペットの世話

飼っているハムスター2匹のゲージは、「2日に1回、必ず2人でそうじ」と決めているよ！　長生きしてほしいから、自分たちで飼育の本を読んだり調べたりもしているんだ☆

## ルール5

### 家での
### 時間の使い方

家にいるときの時間割りは2人で決めたよ。学校から帰ったら先に勉強をして、そのあとに好きなことをするの♪9時半になったら寝室へ行っておやすみなさい☆　起きるのは朝5時50分！

# 家族のルールを守れば
# みんながうれしい！

　P98、99で「りんか＆あんなのマイルール」をしょうかいしましたが、他にも「家のことを1つは手伝う」という大きなルールがあります。

　2人が小学生になってからは、「朝に洗たく物をほす」ということを、ずっと担当してくれています。学校に行く日も休みの日も、毎日やっていますよ！

　小学4年生くらいからは、「ポストに届いた物を家に運ぶ」という係もお願いしています。電気や水道の料金表を見るので、光熱費のことも気になるようです。

　そして、リビングなど家族で過ごすスペースでは「ゆかに物を置かない」「リモコンやティッシュは、決まった場所に置く」が、家族みんなのルールです。

　あなたの家にも、きっとルールがあると思います。あいさつすることや、時間を守ること、きちんと連絡をすることなど、口には出さないけど決まっていることがあるかもしれませんね。それは、だれか1人が楽をするためじゃなくて、大人も子どもも、みんなが安心して楽しく過ごすための「約束」なんですよ。

Part 5

# 地球に
# やさしいことを
# しよう

物をどんどん買うのは、物を
作っている会社にとってはう
れしいこと。でも、ゴミを燃
やすのにたくさんのエネルギ
ーが必要で、自然にとっては
悪い影響が出てしまうんだよ。
できるだけ「捨てない暮ら
し」ができるようになろう！

# 身のまわりの物を大切に使うのは地球にやさしいこと

持ち物は必要な数だけあれば困らないと思わない？　整理整とんすると、自分が持っている物がどのくらいかハッキリして、同じ物を買わなくてすむよね。そうじやお手入れをすると、1つの物を長く気持ち良く使えるようになるの♪　だからゴミも減らせそうだよね。整理整とんは自分のためだけじゃなくて、地球のためにもなるんだよ☆

## これから物を買うときは、あとのことを考えよう

買い物のときに、目についた物をどんどん買うのはやめてね。必要な物を決めてから行くようにしよう。もちろん、エコバッグはいつもバッグの中に！　1つの目的でも、いろいろな商品があるよね。迷ったときは、使ったあとの捨てやすさやリサイクルできるか、長持ちするか、値段と使い方のバランスなどを考えてから決めるようにしよう♪

# 使い捨てを減らし、プラスチックゴミをできるだけ出さないようにしよう

プラスチックはゴミになったあと、分解されずに残って、最後は海に流れていくことが多いの。海の生き物にからまったり、小さくなったプラスチックのつぶを魚が食べたりすることが心配されているよ。つめかえ商品を買うようにして、プラスチックゴミをできるだけ減らそう♪　ゴミの分別もしっかりして、ペットボトルは資源ゴミに！住んでいるところのリサイクルのしかたを調べてね。

## 「フードロス」って知っている？

フードロスはまだ食べられるのに捨てられる食品のこと。家や店の食べ残しや売れ残りで捨てている量は、日本全部で毎年何百万トンにもなるの。ゴミ処理をするにもお金がかかっちゃうし、もったいないよね。食べ物には消費期限があるから、よけいな分を買わないことが大切！　外食では食べきれない量をたのまないこと。家の中でもいろいろ工夫して食事を残さないでね。

# 水や電気のムダ使いを減らそう

## 水 出しっぱなしをやめよう

水も大事な資源だから、節水しよう！
歯みがき、洗顔、シャワーのときの出しっ
ぱなし、トイレの大レバーを一度に何回
も押すと、水がもったいないよ。海や川
などの水をよごさないことも大切☆

## 電気 節電の方法を知ろう

電気も大事にしよう。家電や照明をつ
けっぱなしにしないで、こまめに消した
り、エアコンの温度を上げるより重ね着
したり、省エネ家電にしたり……。まず
は家の光熱費を意識するのがおすすめ♪

### りんか＆あんなの マイボトル

出かけるときはマイボトル（ふたつきの
コップ）を持ち歩くようにしていて、
ペットボトルの飲み物を買わないように
しているよ。公共の場や大きな店など給
水スポットが増えているから、のどがか
わいても困ることはあまりないの。

# 自然や生き物を守っていこう

## 絶めつを防ぐ

絶めつしそうな生き物が日本にもたくさんいるの。その生き物がいる環境を変えないことが守ることにつながるよ。自然の中でゴミを出さないようにしよう！

## ペット

ペットの命を守るのは飼い主。健康で長生きできるように世話をしよう。迷子札をつけるのも大事。めんどうになった、飼えなくなったと、捨てたりしないで。

## 森の自然

動物も人間も豊かに暮らすためには森や草原が必要だよ。なのに森林がどんどん減っているんだって。森の保護団体に寄付したり植林活動に参加してみよう♪

## 海の生き物

プラスチックゴミを減らす他に、魚の住み家でもあるサンゴしょうの保護も大切。日本にもサンゴしょうがあるから、エコツアーなどに参加して勉強しよう☆

### りんか＆あんなは 動物保護を勉強している

わたしたちは動物が大好きだから、温だん化が原因で森林火災が起きて、たくさんの動物がぎせいになったニュースを見たときは悲しかったな。絶めつしそうな野生動物のことも本を読んで知って、心配しているの。

# 困っている人、弱い人のことを 考えられる人になろう

世界には、きれいな家で暮らせず、学校に行けない子どももたくさん。弱い立場に置かれていて、楽しく生きていない人もいるよ。そんな人たちのことを知ろう！ 使わない物の寄付や募金活動にも関心を持ってね。

## 「人や国の不平等をなくす」って？

この人種だから、女の子だから、子どもや老人だから、障がいがあるからなどを理由にして、ひどい態度をとるのが差別。いけないことだよ。差別やいじめについて、どうしたらなくなっていくかを考えられる人になろう。

りんか＆あんなの
ヘアドネーション

小学校3年生のときに、友だちの話を聞いて、ヘアドネーションをやりたいと思ったの！ 病気や事故で髪がなくなった子どものために医りょう用のウイッグを作るんだって。そのために髪をのばして、35センチくらいを寄付したよ。

# SDGsは世界みんなの17の目標

## SDGsの目標にある 地球のためにできること

SDGsという言葉を学校で教わったり、17色の丸いバッジを見たことがあるかな？　SDGsは、2030年までに全人類の生活を豊かにしようという世界共通の目標だよ。どの国も守っていこうという17の目標の中に、「エネルギーをみんなにそしてクリーンに」「作る責任使う責任」「海の豊かさを守ろう」「陸の豊かさも守ろう」があるよ。

## 片づけとそうじは 未来の地球を作る元

このパートでしょうかいしたことは、ＳＤＧｓの目標に関係することなの。片づけ上手になって出すゴミが減ったり、物を大切に使うようになったら、それだけでも地球にやさしい「良いこと」なんだよ。そうじが好きになったら、家の外もきれいなほうがいいな、きれいにできるなと思えるでしょ？　それも「住み続けられるまちづくりを」という目標につながるよ♪

# 整理整とんをきっかけに ステキな人になりましょう

　家の人や、まわりの大人は、あなたに勉強だけでなくて、いろいろなことを知ってほしい、経験してほしいと思っています。どんなことにも、あなたを大きくたくましくする栄養があるからです。

　りんかとあんなは、おじいちゃんとおばあちゃんの家に行って野菜を育てる手伝いをすることがあります。おばあちゃんやおじいちゃんは食べ物の大切さを2人に教えてくれています。

　小物1つでも、服1枚でも、それを考えた人や、作った人、売る人がいて、家の人があなたのうれしそうな顔を見たくて買ってくれます。それをすぐにあきたり、雑に使ったりすれば、みんなガッカリするでしょう。人も物も大事にするステキな人になってくださいね。

　整理整とんやそうじ、物のお手入れは、あなたに経験してほしいことの1つです。いつも家の人にしてもらっているなら、できることから始めましょう。大人になったときに、その経験が生かされるはずですよ！

# 頭の中、心の中も整理上手になろう

Part ⑥

やることがいっぱいあって、頭の中がパンクしそうになることはない？　心の中が「楽しい」だけじゃなくて「さびしい」「心配」になっちゃうことはない？　そんな気持ちの整理整とんもできるようになってみよう！

しなきゃいけないことが たくさんあって、頭の中がごちゃごちゃ

そんなときは

# 4つの 分け方を使おう

何から始めたらいいかわからないときは、目の前のことが下の4つのグループのどこに入るか考えて紙にかいてみて。そしてＡＢＣＤの順でやろう！

大事なこと

↑

A　　　　　B

急がなくちゃ ←················→ 急がなくても
　　　　　　　　　　　　　　　　　だいじょうぶ

C

↓

そんなに大事じゃない

| | |
|---|---|
| 急がなくちゃ＋大事なこと | → A グループ |
| 急がなくてもだいじょうぶ＋大事なこと | → B グループ |
| 急がなくちゃ＋そんなに大事じゃない | → C グループ |
| 急がなくてもだいじょうぶ＋そんなに大事じゃない | → D グループ |

# A

## 今やらなくちゃ いけないことだよ！ 急いで終わらせよう☆

「いつまでに」としめきりがあって大事なことは、一番先に終わらせよう！ 宿題、学校や塾へ出す物、友だちとの約束、家の人との約束かな。トラブルが起こったときもこのグループだよ。後回しにしないで、すぐだれかに相談しようね♪

# B

## 将来のために 大事なことだから 必ずやってみて♪

急がなくてもだいじょうぶだと、後回しにしちゃうこともあるよね。だけど、将来のためにとっても大事なのはB。シュミのこと、夢や目標につながること、新しく友だちを作ることなど、自分にとって大事だと思うことに時間を使うと、毎日が楽しくなるよ！

# C

## ムダなことに 振り回されないように 無理なことは断ろう！

あなたじゃなくてもできることや、理由はないのに「早くして」と言われる用事はCグループ。これを真っ先にすることが多いと、いそがしくなっちゃいそう。他の人には急ぐことでも、あなたが急がなくていいと思ったら、ムリに合わせなくてもいいんだよ。

# D

## 時間のムダづかいに ならないように ＡＢＣが終わってから

今しなくてもいいことは、一番最後に。他に大事で急ぐことがある場合は、おもしろい動画を見続けたり、人とおしゃべりしたり、ゲームしたりするのはガマンしよう。ついつい「急ぎじゃないし大事でもないこと」から始めてしまうクセは、直そうね☆

困ったことが起こってどうしたらいいかわからない

そんなときは

# 3つの方法を試してみよう

友だちに冷たくされたけど理由がわからないときや、命令口調で言われたけどあなたはしたくないときは、悩んでしまうよね。まわりの人にゴカイされたり、SNSに気になる言葉があったりして不安になることもあるかな？　そんなとき、次の3つを順番に試してみよう。

## どうなりたいかかいてみる

困ったことがどうなっていくと、一番良い？思ったことをノートにかいてみよう♪

**1**へ

## 人に相談する

あなたのことをよく知っている年上の人や、家族や先生などの大人に相談してみよう！

**2**へ

## 時間に任せる

少し時間がたつと状況が変わっていくということもあるよ。落ち着いて観察してみよう☆

**3**へ

# 1 紙にかき出して整理。モヤモヤを外に出すこともできるよ

トラブルがどうして起こったか、原因を推理してみたり、「○○ちゃんのゴカイを解けばいい」など解決法を考えたり……何でも紙にかいてみよう！　図やイラストでもいいよ。かいているうちに、あなたの頭の中が整理されていって、一番良い方法がわかるかも☆　かくことは、モヤモヤを外に出す効果もあるんだよ♪

# 2 あなたのことをよく知っている人に相談する

だれかに相談すると、「いつ、だれが、どうしたの？　それはどうして？」と聞かれるよね。だから、話すこともかくことと同じで、悩み事の整理に役立つの。相談相手は友だちより、あなたをよく知っている年上の人がおすすめ♡　年上のきょうだいや大人は、自分の経験からトラブル解決のポイントを教えてくれそう！

# 3 あわてず、様子を見ている時間も大切だよ

大人が仕事で困ったときは、早い解決が大事。でも、友だちが関わるジュニアのなやみは、「時間の力」が使えるかも♪　今は「大ショック！」と思うことも、あわてず、1週間からひと月の間、まわりの様子をよく見てみよう。あなたも相手も時間とともに気持ちが変わっていって、意外にすんなり解決ということもあるよ☆

しなきゃいけないことに
取り組めなくて
ユウウツ

そんなときは

# 「やる気がわく」

# 3つの方法を試してみよう

勉強の時間なのに、他のことばかりしちゃうことってない？ 練習したほうが良いとわかっているのに、なかなか集中できなくてイライラしちゃうとか……。エンジンがかかれば、あとはがんばれるはず。やる気がわく次の3つのアクションを試してみよう♪

## カンタンなことから始める

一番カンタンなことから始めて、自分をリズムにのせよう☆

1 へ

## だれかにはげましてもらう

家族や友だちに「あなたならできる！」「あなたはすごい」とはげましてもらおう♪

2 へ

## ごほうびを用意する

終わったら、おやつを食べようとか、友だちとおしゃべりしようと決めて、がんばろう！

3 へ

# 1 小さな目標を立てて 1つずつクリアしていこう

何時間もかかる高い目標を立てると、どうしてもめんどうになって、なかなか始められない原因になっちゃうよ。机の上を片づけて勉強道具をきれいに置く、教科書を1ページだけとにかく読む、といった小さな目標を立てて、それをかなえたら次へ進んでね♪ 「できた！」という達成感をくり返すのがコツだよ☆

# 2 ほめ言葉や応援を エネルギーにしよう

ほめてもらうとうれしくて、自信がついて、グンとやる気が出るはず☆ 家の人に「はげまして」とお願いしてみよう。友だちに「わたしの良いところはどこ？」と聞いてみるのもいいよ。「やる気を出したいから、良い言葉だけ言ってくれたらうれしい！」とたのむことも忘れないでね♪

# 3 ごほうびを用意して スピードアップ！

今日の勉強が終わったあとや、ニガテなことをクリアしたあとに、「おいしい物を食べる」とか、「好きなことをする」と決めよう！早くそのごほうびを味わいたくて、あっという間に終わるよ☆ アラームを使って、「○分までがんばる」と区切りをつけるのも良い方法だね♡ 集中力がアップするはず♪

「気にしないで」と
いわれても、すぐに
思い出して悲しくなる

**そんなときは**

## 心のそうじ をしてみよう

学年が上がると、することも増えて、友だちとの関係も複雑になっていくよね。身体も急に成長して、なんだかイライラしがち。そうなったら気持ちも整理整とんしよう。「よく見る」→「きれいにする」→「いらない物は捨てる」の順番は、部屋も心も同じだよ☆

スタート

### 悲しいことの原因を考える

どうして悲しいことを思い出してしまうのかな。「もっと良い方法があったかも」「わたしは上手にできるはずだったのに……」というくやしい気持ちがあるからかもね。

### ぐるぐると考え続けるのをストップ

過去へ時間をもどすことは、だれにもできないね。だからぐるぐる考えるのはストップ！　悲しいことがだんだんうすれていって、頭の中が明るくなる想像をしよう！

## 悲しいことを「良い言葉」に変えてみる

しかられた言葉を思い出してしまうなら、「わたしをはげますために言ったんだ」「わたしをキケンから守るためだ」と言葉をかえてみると暗い気持ちが変わるかも。

## 前の失敗を思い出さない

「前も失敗したから、次もきっとダメだ」じゃなくて、「次はだいじょうぶ」と自分をはげまそう。前の失敗のことは考えないほうが、うまくいくことが多くなるよ。

## 人と比べない

「○○ちゃんはよかったのにわたしは……」なんて、人と比べるのはやめよう。だって、あなたと○○ちゃんはちがう人間。あなたにはあなたの「ステキ」があるから安心して♡

## 悲しかったことがはなれていくことを想像する

だんだん明るい気持ちになってきたら、悲しかったことに「バイバイ」と言ってみよう。心の中から遠くにはなれていくことを想像して、元気を取りもどそうね☆

# 心が楽になる**7**つの方法

## ① 軽い運動をする、歩く

悲しいときは、体操をしたり、知っている場所を歩いて行ったり来たり。心と身体はつながっているから、身体がほぐれると、悲しさでカチカチになった心もやわらかくなるの☆

## ② 良い香りをかぐ

たとえば温かいハーブティーの良い香りをかぎながら少しずつ飲んでみて。アロマポットで部屋にカモミールやラベンダーの香りをただよわせるのも◎。良い香りは心を落ち着かせるよ。

## 3 好きな音楽を聴く、おどる

好きな音楽は気持ちを明るくする効果がバツグン。音楽に合わせて大きな声で歌ったり、自由におどったりするのがおすすめ。ストレスを減らすためなんだから、はずかしがらないで！

## 4 主人公ががんばるアニメや映画を見る

どんなことがあってもがんばるアニメや映画の主人公に元気をもらおう☆見ながら応援したり、主人公と同じセリフを言ってみて。エネルギーがわいてくるはず♪

## 5 ドキドキするような新しいことをする

今までチャレンジしたことのない新しいことをしよう。家で新しいお手伝いをしてもいいね。「初めて」というドキドキを味わっているうちに、苦しい気持ちはなくなるよ。

## ⑥ 深呼吸をする

口をすぼめてゆっくりと、おなかがへこむまで息をはききって。次に鼻から、またゆっくりと、おなかがぷうっとふくらむまで息を吸う。これを5回するとリラックスできちゃう♡

## ⑦ もふもふの動物と遊ぶ

ペットと遊ぶといやされるよね。ペットがいなかったら、動物園やペットショップへ見に行こう。特に、もふもふの動物にさわれるところに行くと、気持ちがやさしくなるよ♪

### りんか&あんなの 心の片づけ

「なやみ」ってどういうものか、よくわからないときもあるの。でも、不安があるときは、お母さんが気づいて、話せるようにしてくれているの。解決する方法もいっしょに探してくれるんだよ。

こんなにスッキリしたの
いつぶりだろう！

物が見つからない
なんてことはなくなったな…

勉強もはかどるし

シュミの読書も
自分の部屋で楽しめるようになった！

# 今から始めれば
# ステキな未来が待っています

　最後まで読んでくれて、ありがとうございました。

りんかとあんなは、毎日続けることで整理整とんが

できるようになりました。だから、自分にはできない

なんて思わないでくださいね。きっとあなたもできる

ようになりますよ。

　小学生も学校で勉強するだけではなく、習い事に

行ったり、友だちと遊んだり、毎日忙しいですよね。

時間を有効に使うためにも、身のまわりを整理整とん

しましょう。

　整理整とんは、あなたが中学生、高校生、そして

大人になってからも欠かせないことです。今のうちか

ら整理整とんができたら、きっとステキな未来が待っ

ているはずです。

　この本が、少しでもあなたの役に立てたらうれしい

です。

**監修**  **matsuko**

1984年生まれ。福岡県出身。メガネや洋服のプロデュースなど
はば広い分野で活動。
Instagram https://www.instagram.com/matsuko0621/
LINEブログ https://lineblog.me/rinkanna/

| カバーイラスト | まちなみなもこ |
|---|---|
| カバー&本文デザイン | 菅野涼子（説話社デザイン室） |
| まんが | 菊地やえ |
| 本文イラスト | まちなみなもこ、ひとだまこ、かわべしおん、 |
| | nikki、七海喜つゆり、はやはらよしろう |
| 撮影 | 片岡 祥 |
| アドバイザー | 吉川圭子（ライフオーガナイザー） |
| 編集 | 千木良 まりえ、大倉瑠夏、池田潮音、 |
| | 鈴木菜都（以上、説話社）、藤沢千穂子 |

スッキリ&ハッピー！整理整とん

# 整理整とん
## 身のまわりと気持ちのお片づけレッスン

2023年3月25日　初版発行

監　修　matsuko
発行者　岡本光晴
発行所　株式会社あかね書房
　　　　〒101-0065　東京都千代田区西神田3-2-1
電　話　営業(03)3263-0641
　　　　編集(03)3263-0644
印　刷　中央精版印刷株式会社
製　本　株式会社難波製本

NDC597
matsuko
スッキリ&ハッピー！
整理整とん
整理整とん
あかね書房　2023年
127p　20cm×14cm